MINI PATTE

La coccinelle

Petit ogre du jardin

Texte de Valérie TRACQUI
Photos de Patrick LORNE
Illustrations de Stéphanie HERRBACH

Collection dirigée par Valérie TRACQUI

MILAN
jeunesse

Le réveil

Au mois de mars, c'est le début du printemps. Dès que la terre se réchauffe, le jardin devient multicolore. Les abeilles butinent les premières fleurs et les oiseaux commencent à chanter. Encore tout engourdie par l'hiver, **la petite coccinelle descend des montagnes vers la plaine.** Elle vole, vole et atterrit… sur un doigt. C'est un bon endroit pour se reposer au soleil…

La coccinelle à 7 points vit partout où elle trouve à manger : dans les jardins, les céréales, le colza…

La demoiselle est plus petite qu'un ongle. Mais l'objectif du photographe la grossit.

Déguisée

La coccinelle est facile à reconnaître avec sa robe rouge à points noirs. **Inutile de compter les points : ils n'ont rien à voir avec l'âge de l'insecte.** Ronde dessus et plate dessous, elle a la forme d'un petit pois coupé en 2. D'un pas décidé, comme un jouet mécanique, elle grimpe sur une plante : une, deux, une, deux… On dirait qu'elle cherche quelque chose de précis…

Des pattes griffues pour grimper et des antennes pour sentir, la coccinelle est bien équipée.

Voici 2 espèces de coccinelles différentes. Celle à 7 points habite les plantes basses et les arbustes. Celle à 2 points préfère les arbres.

Il existe 300 espèces de coccinelles en Europe, avec des couleurs et un nombre de points différents.

Pas facile de repérer ses yeux noirs à facettes, entre les taches blanches de sa tête !

Vole, vole !

Parvenue au sommet de la fleur, la coccinelle fait fonctionner ses muscles quelques instants avant de pouvoir voler. Soudain, sa carapace rigide s'ouvre au milieu. **Elle déplie ses 2 ailes, rangées comme un éventail sous ses élytres.** Et pffitt ! elle s'envole… « Coccinelle, demoiselle, bête à bon Dieu… Coccinelle, demoiselle, monte jusqu'aux cieux ! »

Les anciens prédisaient le beau temps quand la coccinelle s'envolait, car il lui faut de la chaleur.

Comme ses ailes sont 2 fois plus longues que son corps, elle les range pliées sous ses élytres rouges.

La coccinelle peut parcourir 50 km de distance, en battant les ailes à toute vitesse (90 fois par seconde).

Les fourmis défendent leurs pucerons, car elles se nourrissent de leur miellat sucré.

Pour ne pas se blesser, la coccinelle peut rétracter ses pattes sous son corps.

Fourmis en guerre

La chasseresse a maintenant une faim de loup. Il lui faut trouver sa proie préférée : des pucerons bien juteux. Une par une, elle visite les plantes. Aïe ! Ceux-là sont gardés par des fourmis, qui mordent la coccinelle et l'obligent à quitter les lieux. Tant pis ! Le petit cuirassé rouge se laisse tomber dans les herbes, en faisant le mort un instant. Puis, ni vu ni connu, la coccinelle repart…

Quel ogre !

Sur cette rose, la voie est libre. Des centaines de pucerons sont en train de sucer la sève de la plante. La coccinelle commence son festin. Elle saisit un premier puceron vert et lui injecte un peu de salive pour le ramollir. Transformé en bouillie, il est plus facile à broyer. Et un de moins ! Le petit ogre avance, infatigable. Enfin repus, les mâles partent à la recherche d'une partenaire…

La coccinelle repère les pucerons de loin, à l'odeur, puis, de près, elle utilise ses yeux.

Elle saisit sa proie avec ses solides mandibules. Puis elle aspire l'intérieur du puceron, qui se vide comme un ballon. Slurpp !

La coccinelle mange jusqu'à 100 pucerons par jour au printemps. L'été, elle se nourrit de chenilles, de nectar ou de spores de champignons.

En avril, les coccinelles s'accouplent. Pas facile pour le mâle de tenir sur ce dos tout rond et glissant !

Naissance

Enfin ! Les conditions sont bonnes : de la chaleur (au-dessus de 18 °C), 14 h de lumière par jour, beaucoup de nourriture. **La femelle pond sur une feuille sombre, tout près d'une colonie de pucerons.** Bientôt, apparaissent de minuscules larves, pas plus grosses qu'une tête d'épingle. L'adulte les abandonne. Elle pondra plusieurs jours de suite, durant 1 à 2 mois.

Le mâle s'accouple avec plusieurs femelles. Elles utiliseront sa semence pour féconder leurs œufs.

Les œufs sont pondus un par un. Ils sont comme de petites quilles jaunes, bien rangées en ligne, par paquets d'environ 50.

Au bout de 5 jours, les œufs deviennent gris.
Ils se fendent et laissent échapper de petites larves.

Attention ! Occupée à pondre,
la coccinelle n'a pas vu l'araignée,
qui la saisit pour la manger.

Au bout d'un mois, la larve peut atteindre 1 cm de long. Elle est plus grande que la future coccinelle.

La petite larve noire mue 4 fois en 20 jours et elle multiplie sa taille par 12.

Elle mange de 100 à 150 pucerons par jour.

Gourmande

À peine née, la petite larve part en chasse. Elle se gave de pucerons et grossit vite. Au bout de quelques jours, elle se sent trop serrée dans sa peau noire. Alors, elle mue. Sa vieille enveloppe se fend et la larve sort plus grosse dans son nouvel habit. Elle n'est pas bien belle, avec ses poils et ses verrues ! Mais elle est de plus en plus vorace…

Presque aveugle, la larve repère ses proies surtout à l'odeur.

Miracle !

En 3 semaines, la larve a beaucoup grossi. Et puis un jour, elle s'arrête de manger et s'immobilise sur une feuille…

La larve fixe le bout de son abdomen sur une feuille par une sorte de colle et ne bouge plus.

Au bout de 10 jours, la nymphe commence à bouger. Oh ! La peau se déchire…

Puis la peau de la larve se fend. Voilà la chrysalide, raide et sèche.

De l'enveloppe sort une coccinelle toute neuve, jaune et sans points. Ses élytres sont d'abord souples, mats et fripés, comme une peau d'orange.

La coccinelle est sortie, tête en bas. Elle se retourne et se sèche au soleil. Petit à petit, ses élytres durcissent et deviennent brillants.

Il ne reste plus, sur la feuille, qu'une enveloppe vide : l'exuvie. À côté, la nouvelle coccinelle déplie ses ailes pour les faire sécher. Elle est prête pour une nouvelle vie.

Pas bon !

Comme par magie, les points noirs apparaissent sur le dos de la coccinelle puis elle devient rouge. Déjà, elle a faim et commence à dévorer des pucerons. Pas de temps à perdre ! Soudain, une terrible punaise s'approche de la coccinelle. Aïe ! D'un coup sec, l'ennemi saisit la petite bête. Elle n'a pas eu le temps de se donner mauvais goût et se fait emporter. Pourtant, **la plupart des animaux se souviennent qu'il faut éviter les insectes rouges.**

Voilà les points noirs !

Orange à la naissance, la coccinelle devient rouge en quelques heures.

La punaise est l'ennemie de la coccinelle, tout comme les mantes religieuses, les pics, les petits rongeurs.

Pour se défendre, la coccinelle sécrète, au niveau des pattes, un produit amer qui sent très mauvais.

Brr, c'est l'hiver !

Avec le froid, les pucerons disparaissent. Mais les coccinelles ont accumulé assez de graisse et de sucre pour jeûner durant 5 mois. Elles quittent les jardins et se regroupent dans les fentes de rochers, les soupentes des toits, ou toute autre cachette, à l'abri du gel. Celles qui survivront attendront les premières chaleurs du printemps pour recommencer à manger.

À la fin de l'été, les coccinelles migrent en altitude.

L'hiver, les rassemblements de coccinelles comptent de 10 à 1 000 individus de la même espèce.

PROTECTION

Vive les coccinelles !

La coccinelle est aimée de tous. C'est la petite bête à bon Dieu, celle qui porte bonheur et qui annonce le beau temps. C'est aussi un prédateur très efficace que l'homme élève pour lutter contre les pucerons. Attention à ne pas la tuer avec des insecticides !

Pour éliminer les pucerons du jardin, on peut éviter les produits toxiques et utiliser des larves de coccinelles !

Lutte biologique

À Caen, puis dans d'autres villes de France, des élevages de coccinelles à 7 et 2 points ont été mis en place. Le but, c'est d'en produire suffisamment pour pouvoir les introduire dans les jardins et les cultures. En mangeant les pucerons, elles jouent le même rôle que les produits insecticides, qui sont, eux, dangereux pour tous les insectes, l'environnement et l'homme.

L'*Harmonia* a l'avantage de dormir moins longtemps l'hiver.

Voilà la chinoise !

Depuis 1994, les chercheurs de l'INRA d'Antibes (Institut national de la recherche agronomique) ont mis au point l'élevage d'une espèce de coccinelle, d'origine chinoise, qui est commercialisée par la société BIOTOP. En s'adressant aux jardineries, les particuliers peuvent commander les larves, très voraces, de cette *Harmonia*. Elles leur seront envoyées par la poste.

Les fèves nourrissent les pucerons, proies des coccinelles.

Bête à bon Dieu

Alors que la plupart des gens ont peur des araignées ou des cafards, nul ne craint de laisser grimper la petite coccinelle sur son doigt. Comme elles se regroupent en hiver, près des croix des calvaires, on a associé les coccinelles à la religion. C'est ainsi qu'elles sont devenues des porte-bonheur, que l'on reproduit sous forme de broches ou de pendentifs.

Les autres coléoptères

Les coccinelles sont des insectes du groupe des coléoptères, qui compte plusieurs centaines de familles. Tous ont une paire d'ailes rigides, les élytres, qui forme un étui protecteur. De nombreux coléoptères sont carnassiers, comme la coccinelle. Mais tous ne sont pas des amis du jardinier…

Le clairon à 8 points

Le clairon à 8 points a la même couleur rouge que la coccinelle, sans doute pour faire croire qu'il a mauvais goût.
Il se nourrit du pollen des fleurs et de petits insectes.
Sa larve dévore les larves d'abeilles solitaires.

Le lucane cerf-volant

Le lucane cerf-volant est le plus grand coléoptère d'Europe. L'été, en forêt, on le voit voler lourdement, à la tombée du jour. Il se nourrit de la sève qui s'écoule des arbres blessés.

Le hanneton

Le hanneton commun vole au crépuscule. Il se nourrit de jeunes feuilles d'arbres. Sa grosse larve blanche dévore les racines des plantes. L'adulte sort de terre au bout de 4 ans. Il est devenu rare.

Le doryphore

Le doryphore s'attaque, en groupe, à la pomme de terre. Il est venu d'Amérique et n'a pas de prédateurs chez nous ! Alors il lui arrive de proliférer.

Le carabe

Les carabes sont de jolis coléoptères aux reflets métalliques. Ils capturent d'autres insectes, des vers ou, comme celui-ci, de petits escargots. Certains volent, d'autres se déplacent rapidement au sol.

Quelques questions sur la vie de la coccinelle dont tu trouveras les réponses dans ton livre.

Crédit photographique :

Toutes les photos sont de Patrick LORNE sauf :

C. RATIER : p. 12 (h) ; B. BARANGER : p. 18 (bg), 27 (bg) ; P. PILLOUD / JACANA : p. 24-25.

Avec tous nos remerciements à André FERRAND et Alexandre LAVAGNE
de l'INRA (Institut national de la recherche agronomique) d'Antibes pour leur relecture scientifique.

Avec nos remerciements à Jean-Pierre Baillieux qui nous a aimablement laissé photographier son jardin et ses poteries.

-

www.editionsmilan.com

300, rue Léon-Joulin, 31101 Toulouse Cedex 9, France.

Loi 49.956 du 16.07.1949
Dépôt légal : 3e trimestre 2007
ISBN : 978.2.7459.2869.6
Imprimé en Espagne